Nicole Renaud

Douceurs de Noël

Photographies d'Alexandra Duca

Stylisme de Julie Schwob

Remerciements de la photographe :
Un grand merci à Barbara, Delphine et Véronique pour leurs décorations de Noël ainsi qu'à Stephen pour sa présence au fil de ce livre.

Crédits shopping :
As'art (à retrouver sur www.asart.fr) : assiette page 41.
BHV (à retrouver sur www.BHV.fr) : papiers pages 15, 35, 43, 45, 47, 49, 53, 79, 85.
Habitat (à retrouver sur www.habitat.fr) : assiettes pages 4, 25, 27, 35.
Hoff (à retrouver sur www.hoff-interieur.de) : décoration pages 15, 19, 31.
Lafayette Maison (boulevard Haussmann, Paris 9e) : tasses pages 29, 49.
Lily Latifi (à retrouver sur www.lililatify.com) : set page 29.
Monoprix (à retrouver sur www.monoprix.fr) : couverts page 11, bougies page 41.
Muji (à retrouver sur www.muji.fr) : carte page 55.
Pobra (à retrouver sur www.pobra.com) : décoration pages 4 et 33.
Rice (à retrouver sur www.rice.dk) : boîtes pages 5, 59 et 67, décoration page 13, bougies page 17.

ISBN : 978-2-7540-1646-9
Dépôt légal : 3e trimestre 2009
Imprimé en France par Pollina - L58089
Édition : Marie-Anne Jost
Conception graphique : Istria
Photos © Alexandra Duca
Pictogramme © Pascale Etchecopar

Éditions First-Gründ
60, rue Mazarine
75006 Paris – France
e-mail : firstinfo@efirst.com
Site internet : www.editionsfirst.fr

Sommaire

INTRODUCTION	4
GÂTEAUX ET PÂTISSERIES	6
BREDELE ET PETITS-FOURS	34
FRIANDISES	66
INDEX DES RECETTES	86
INFOS MESURES	87

Introduction

Quand revient l'éternel rayonnement des Noëls d'autrefois, quand les yeux des enfants brillent des lumières du sapin, quand les rues scintillent, les douceurs de Noël à venir sont déjà un cadeau.

En Alsace, parmi toutes les régions qui ont créé la tradition, l'ambiance de la fête se met en place dès la fin du mois de novembre. Il règne dans les rues et les maisons, malgré le froid piquant, une palpable atmosphère de paix, de candeur enfantine et d'innocence. Les deniers jours du mois, on prépare la brioche de l'Avent piquée de quatre bougies qui égrènent les quatre semaines d'attente. On confectionne le « stolle », grosse brioche dont la recette a traversé le Rhin. Bien enveloppée, elle attend sagement repliée sur ses fruits confits parfumés pour paraître à la veillée sous sa gangue de sucre glace, ode à la blancheur du lange d'un nouveau-né.

À la Saint-Nicolas, le 6 décembre, on offre aux enfants des languettes de pain d'épices nappées d'un glaçage immaculé et décorées à son effigie. Au petit déjeuner et au goûter, on sert des petits bonshommes en brioche, les « mannele », moelleux et dodus.

Les jours rétrécissent jusqu'au solstice d'hiver. Parents, grands-parents et enfants partagent le rituel de la confection des petits gâteaux que l'on appelle les « bredele ». Ils ouvrent la fébrile période d'attente vers la douce nuit du 24 décembre.

Dans une joyeuse ambiance de farine légère, de sucre glace qui poudre les mains et les nez, de parfums de cannelle, de vanille, d'anis, tout le monde met la main à la pâte. On la découpe en motifs festifs ; étoiles, sapins, demi-lunes, bottes de Père Noël.

Et on les fait cuire, moment d'impatiente attente, car il faudra bien les goûter tout de même, juste pour savoir ! Ils seront bons. Les effluves qui s'échappent du four laissent peu de place au doute. Avant la prochaine fournée, ceux qui auront échappé aux gourmands seront alignés dans des boîtes en fer-blanc, à côté de maintes autres friandises, fruits déguisés, caramels fondants, truffes rebondies, en attendant d'être savourés en famille ou d'être offerts.

Point non plus de Noël traditionnel sans la bûche. Autrefois taillée en Provence dans un arbre fruitier à noyau, promesse de renouveau, elle était posée dans l'âtre par le plus âgé et le plus jeune des occupants de la maisonnée pour se consumer tout au long de la nuit de Noël. Tradition et transmission. Elle se prépare aujourd'hui avec un biscuit roulé, fourré de quantité de manières.

Et ce petit voyage gourmand se poursuit à travers d'autres provinces, d'autres douceurs que le souvenir de chacun perpétue et fait partager bien au-delà de ce jour enchanteur.

Berawecka (pain de Noël aux fruits secs)

un peu cher • facile à réaliser • préparation : 30 min • macération : 24 h • cuisson : 1 h • pour 6 personnes

1 casserole
1 jatte
1 terrine
1 tôle
papier de cuisson
papier d'aluminium

300 g de poires et 100 g de pommes sèches
100 g de chaque fruit sec (figues, abricots, pruneaux)
50 g d'écorce d'orange + 50 g d'écorce de citron confites
100 g de raisins secs blonds
100 g de cerneaux de noix hachées
100 g d'amandes en poudre + 12 amandes entières pelées
10 cl de lait
12,5 cl de kirsch
1 cuil. à café de cannelle + 1 de quatre-épices
100 g de farine

1 Coupez les fruits secs en lanières. Portez-les à frémissements dans un peu d'eau avec les raisins, 10 minutes. Ajoutez les noix, les écorces confites hachées, les épices et le kirsch. Laissez macérer à couvert dans une jatte, 24 heures.

2 Mélangez les fruits macérés, la poudre d'amandes et la farine. Pétrissez pour obtenir une pâte liée.

3 Divisez la pâte en deux. Sur une tôle tapissée de papier de cuisson, façonnez les pâtons en pain ovale. Piquez des amandes entières.

4 Enfournez à th. 5 (150 °C), pour 50-60 minutes. À la sortie du four badigeonnez de lait. Laissez refroidir. Enveloppez dans du papier aluminium.

variante

On peut remplacer les pruneaux par des quetsches sèches, la farine par 200 g de pâte à pain commandée chez le boulanger et le kirsch par du schnaps alsacien.

truc de cuisinier

Laissez reposer au moins 10 jours, ou mieux de 2 à 3 semaines, avant de déguster.

Buon Natale
Joyeux Noël
Frohe Weihn

Macaron géant glacé aux marrons

un peu cher • difficile à réaliser • préparation : 35 min • cuisson : 20 min • repos : 1 h • pour 6 personnes

1 tamis
1 bassine à fond rond
1 batteur
1 plaque à pâtisserie
1 poche à douille lisse n° 12
papier sulfurisé

5 blancs d'œufs (150 g)
300 g de sucre glace
200 g de poudre d'amandes
60 g de sucre en poudre
35 g de cacao amer
1 l de glace aux marrons
80 g de brisures de marrons glacés
6 marrons glacés
sucre glace

1 Tamisez puis étalez le sucre glace avec les amandes et le cacao sur une plaque. Passez au four th. 2 (60 °C) 15 minutes. Tracez 2 cercles de 20 cm de diamètre sur une plaque tapissée de papier sulfurisé. Battez les blancs en neige ferme en incorporant à la fin le sucre en poudre, puis délicatement le mélange précédent.

2 Versez la pâte dans la poche. En partant du centre, déposez-la dans les cercles. Laissez reposer, 1 heure. Enfournez à th. 5 (150 °C, chaleur tournante), pour environ 20 minutes. Laissez refroidir sur une grille.

3 Entreposez la glace à température ambiante pour la ramollir un peu. Déposez un disque macaron, face plate vers le haut sur un plat. Masquez-la de glace aux marrons. Éparpillez les brisures. Couvrez du deuxième disque. Remplissez le tour de glace, lissez-la. Saupoudrez d'un voile de sucre glace. Décorez de marrons.

variante

Préparez une pâte macaron sans chocolat, parfumée à la vanille. Garnissez-la d'une glace au choix.

truc de cuisinier

Le succès est assuré si vous entreposez les blancs à température ambiante la veille.
Vérifiez la cuisson du macaron avec le bout du doigt.

Brioche polonaise

un peu cher • facile à réaliser • préparation : 30 min • cuisson : 20 min • pour 6 personnes

1 casserole

2 jattes

1 batteur

1 plat résistant à la chaleur

1 poche à douille unie

1 brioche parisienne un peu rassise

100 g de fruits confits mélangés + 50 g de bigarreaux en dés

40 cl de lait entier

4 jaunes et 5 blancs d'œufs

330 g de sucre en poudre

sucre glace

30 g de fécule de maïs

2 gousses de vanille

2 cuil. à soupe de rhum

1/2 zeste de citron non traité

3 cuil. à soupe d'amandes effilées

1 Grattez la pulpe des gousses de vanille. Ajoutez-la dans le lait bouillant. Battez les jaunes jusqu'à blanchiment avec 80 g de sucre en poudre. Incorporez la fécule, puis peu à peu le lait. Faites épaissir en remuant sur feu doux.

2 Portez 20 cl d'eau avec 70 g de sucre à ébullition. Ajoutez le rhum et le zeste de citron.

3 Retirez la tête (elle n'est pas utilisée), puis coupez la brioche en 4 disques. Disposez le fond sur le plat. Imbibez-le de sirop. Masquez de crème. Parsemez de fruits confits. Continuez le montage en alternant brioche et crème pour reconstituer la brioche. Mettez au frais.

4 Allumez le four th. 8 (240 °C). Battez les blancs en neige pas trop ferme en incorporant peu à peu 180 g de sucre. Avec une poche à douille, masquez-en la brioche. Saupoudrez de sucre glace. Parsemez de lamelles d'amandes. Enfournez pour dorer la meringue en surface (8-10 minutes). Éteignez le four et attendez 5 minutes.

variante

Remplacez les fruits confits par des dés de fruits frais : ananas, poires.
Pour une brioche sans alcool remplacez la moitié de l'eau par du jus d'orange.

truc de cuisinier

Méthodes antirides pour crème pâtissière : saupoudrez-la de sucre glace ou piquez un morceau de beurre sur une fourchette et passez-le sur la crème pour former une couche protectrice.

Omelette norvégienne

bon marché • un peu délicat à réaliser • préparation : 30 min • congélation : 2 h • cuisson : 10 min • pour 6 personnes

1 grande bassine à fond rond - 1 casserole - 1 batteur - 1 spatule plate - 1 pinceau - 1 plat allant au four

1 génoise de pâtissier

75 cl de glace (parfum au choix)

3 blancs d'œufs - 200 g de sucre

1 cuil. à café de vanille liquide

15 cl de liqueur ou d'alcool assorti au parfum de la glace

Faites bouillir 10 cl d'eau avec 50 g sucre. Ajoutez 5 cl de liqueur.

Entreposez la glace à température ambiante pour la ramollir. Coupez 2 formes ovales dans la génoise. Déposez un ovale sur un plat pouvant passer au four. Au pinceau, imbibez-le de sirop. Couvrez de glace coupée en tranches puis d'un autre ovale de biscuit imbibé. Remplissez les creux latéraux de lamelles de biscuit. Remettez au congélateur, 2 heures.

Allumez le four th. 8 (240 °C). Portez 4 cl d'eau et 150 g de sucre à 121 °C (environ 5 minutes). Battez les blancs en neige molle. Versez le sirop en filet. Fouettez en neige ferme. Ajoutez la vanille. Masquez l'omelette de meringue. Tapotez avec une spatule plate. Poudrez de sucre glace. Faites juste dorer au four. Arrosez de 10 cl de liqueur tiédie et flambez.

Pain d'épices de Lucie

un peu cher • facile à réaliser • préparation : 30 min • cuisson : 1 h • pour 6 personnes

1 grande casserole - 1 tamis - 1 terrine - 1 moule à cake - 1 pinceau

125 g de farine de blé + 125 g de farine de seigle ou de sarrasin

250 g de miel foncé

50 g de sucre roux - 100 g de sucre glace

15 cl de lait - 5 cl d'huile

80 g d'écorce d'orange confite

1 cuil. à café de bicarbonate - 1 cuil. à café d'épices pour pain d'épices

30 g de beurre pour le moule

50 g d'amandes entières pelées

2 cuil. à soupe d'eau de fleurs d'oranger - 1/2 cuil. à café de sel

En remuant, portez à frémissements le miel (sapin, bruyère ou châtaigniers) avec le sucre roux, le lait et l'huile.

Tamisez les farines avec le bicarbonate, les épices et le sel. Ajoutez le miel. Travaillez puis pétrissez la pâte jusqu'à ce qu'elle soit souple et homogène. Incorporez l'orange confite en dés et l'eau de fleurs d'oranger.

Remplissez aux 3/4 un moule à cake beurré de pâte. Faites cuire à th. 5 (150 °C), environ 1 heure. Démoulez, laissez refroidir sur une grille.

Badigeonnez le pain d'épices du sucre glace délayé dans un peu d'eau. Décorez-le d'amandes légèrement grillées.

Cake de Noël aux fruits secs

coût moyen • facile à réaliser • préparation : 45 min • cuisson : 1 h • pour 6 personnes

1 terrine - 1 bol - 1 pinceau - 1 spatule plate - 1 moule rond profond de 20 cm de diamètre - 1 patron de sapin en carton rigide à la hauteur du gâteau

300 g de farine - 4 œufs

200 g de beurre ramolli

180 g de sucre roux

150 g de raisins blonds

50 g de figues + 50 g d'abricots secs en dés + 50 g de cerises confites + 3 cuil. à soupe de marmelade d'oranges

5 cl de rhum ambré

1/2 sachet de levure chimique

1/2 cuil. à café de quatre-épices

1 pincée de sel

500 g de fondant blanc

200 g de pâte d'amandes rose + 200 g de verte

3 cuil. à soupe de marmelade d'abricots

sucre glace

1 Allumez le four th. 7 (210 °C). Roulez les fruits secs, les raisins et les cerises dans la farine tamisée avec la levure et le sel. Travaillez le beurre avec le sucre jusqu'à blanchiment.

2 Incorporez 1 œuf. Lorsque la pâte est lisse, incorporez les œufs restants, un à un, puis la farine, le quatre-épices et le rhum. Versez la pâte dans le moule beurré et fariné. Enfournez, au bout de 10 minutes baissez th. 5 (150 °C), pour 45-50 minutes.

3 Laissez reposer le cake dans le moule, 10 minutes. Démoulez-le sur une grille, laissez-le refroidir, puis badigeonnez-le de marmelade tiédie et mixée. Au bain-marie faites fondre le fondant à 35 °C. Versez-le au centre du gâteau et étalez-le à la spatule pour napper entièrement le cake.

4 Étalez les pâtes d'amandes sur le plan de travail saupoudré de sucre glace. Découpez des sapins en pâte d'amandes. Plaquez-les sur le tour avant la prise du fondant. Poudrez de sucre glace.

variante

À défaut de fondant, masquez le gâteau d'un glaçage royal ou d'un glaçage simple. Piquez-le de bonbons argentés, boules, perles, ou d'autres motifs décoratifs à votre choix.

truc de cuisinier

Le fondant est vendu en supermarché et chez les pâtissiers.

Couronne de l'Avent

bon marché • facile à réaliser • préparation : 30 min • levée : 2 h 30 • cuisson : 30 min • pour 6 personnes

2 bols - 1 terrine
1 casserole - 1 râpe fine
1 plaque de cuisson
1 paire de ciseaux
1 pinceau - 4 bougies
1 long ruban rouge

400 g + 2 cuil. à soupe de farine pour le travail de la pâte

20 g de levure de boulanger - 15 cl de lait

2 œufs entiers + 1 jaune

100 g de beurre doux + 15 g de beurre + 1 cuil. à soupe de farine

100 g de sucre en poudre

1 orange bio et 1 citron non traité

100 g de fruits confits entiers (angélique, cerises)

4 cuil. à soupe d'eau de fleurs d'oranger

3 cuil. à soupe de marmelade d'abricots

1 cuil. à café rase de sel

1 Délayez la levure dans le lait tiédi. Incorporez assez de farine pour obtenir un pâton mou. Laissez-le doubler de volume. Faites fondre le beurre, sans le chauffer, avec le sucre. Râpez les zestes du citron et de l'orange.

2 Tamisez le reste de farine avec le sel. Creusez en fontaine. Ajoutez le levain, 2 œufs battus, le beurre et l'eau de fleurs d'oranger. Mélangez peu à peu tout en incorporant la farine. Lorsque la pâte est lisse, battez-la, 10 minutes. Laissez doubler de volume.

3 Versez la pâte sur le plan de travail fariné. Pétrissez-la 5 minutes, puis incorporez les zestes. Façonnez-la en boule sur une tôle beurrée et farinée. Laissez reposer 10 minutes. Creusez le centre pour former une couronne. Maintenez l'ouverture avec un bol renversé. Avec des ciseaux, coupez la pâte sur tout le tour pour former des petites crêtes. Laissez lever 1 heure.

4 Dorez au jaune d'œuf. Retirez le bol. Enfournez à th. 6 (180 °C), pour 30 minutes. Laissez tiédir la couronne sur une grille. Badigeonnez-la de marmelade tiédie et mixée. Décorez des fruits confits émincés. Plantez 4 bougies. Ceinturez du ruban.

variante

Avant de façonner la couronne, incorporez dans la pâte 100 g de fruits confits coupés en dés et 30 g de raisins secs moelleux et remplacez les fruits de la décoration par 50 g de sucre en grains.

truc de cuisinier

Pour donner à la pâte une belle couleur dorée et uniforme, délayez le jaune d'œuf avec un peu de lait ou d'eau froide. Vérifiez la cuisson de la brioche en enfonçant une grande aiguille au centre : elle doit en ressortir bien sèche.

Brioche tressée aux amandes

coût moyen • délicat à réaliser • préparation : 30 min • levée : 2 h 30 • cuisson : 30 min • pour 6 personnes

2 bols - 1 terrine - 1 plaque de cuisson - 1 pinceau

- 300 g de farine
- 120 g de beurre ramolli
- 12 g de levure de boulanger
- 10 cl + 1 cuil. à soupe de lait
- 3 œufs - 50 g de raisins secs
- 75 g de sucre semoule
- 60 g de poudre d'amandes + 60 g d'amandes pelées concassées
- 2 cuil. à soupe de rhum
- 1 sachet de sucre vanillé
- 15 g de beurre et 1 cuil. à soupe de farine
- 1 cuil. à café rase de sel fin

Trempez les raisins dans le rhum tiédi. Mélangez la farine avec la levure délayée dans 10 cl de lait tiède, 2 œufs battus, le sel, le sucre semoule.

Travaillez la pâte, 10 minutes. Incorporez le beurre en cubes, battez, 10 minutes. Laissez doubler de volume.

Faites retomber la pâte et étalez-la avec les mains. Incorporez la poudre d'amandes, les amandes concassées, les raisins et le rhum.

Divisez la pâte en trois. Roulez les pâtons en longs cordons. Sur une plaque beurrée et farinée, rassemblez-les à une extrémité, puis nattez-les. Laissez lever 45 minutes. Enduisez d'1 œuf battu avec 1 cuillerée à soupe de lait et le sucre vanillé. Enfournez à th. 6 (180 °C), pour environ 30 minutes. Laissez refroidir sur une grille.

Marquise au chocolat

coût moyen • un peu délicat à réaliser • préparation : 40 min • pas de cuisson • réfrigération : 12 h • pour 6 personnes

2 bols - 2 jattes - 1 batteur

1 bain-marie - 1 moule cannelé ou un moule à charlotte

- 300 g de chocolat amer à 70 %
- 125 g de beurre - 5 œufs
- 75 g de sucre glace
- 60 g d'écorce d'orange confite
- 3 cuil. à soupe de Grand-Marnier
- 1/2 cuil. à café de vanille en poudre
- 10 physalis - 1 pincée de sel

Faites macérer 30 g d'écorce d'orange en dés dans la liqueur. Faites fondre 250 g de chocolat. Lissez-le. Travaillez le beurre en crème avec le sucre glace. Incorporez, un à un, les jaunes d'œufs, puis le chocolat froid, la vanille, les dés d'orange, la liqueur et les blancs montés en neige avec le sel. Versez la préparation dans le moule tapissé de papier film, lissez-la, couvrez de papier film. Réfrigérez, 12 heures.

Faites fondre 50 g de chocolat. Retroussez les corolles des physalis sans détacher les feuilles. Trempez les baies jusqu'à la moitié dans le chocolat, laissez-le figer, déposez-les sur du papier sulfurisé, laissez durcir et rabattez légèrement les feuilles. Démoulez la marquise sur un plat, décorez-la de l'orange confite restante et des physalis chocolatés.

Christstollen de Dresde

un peu cher • un peu délicat à réaliser • préparation : 45 min • levée : 3 h • cuisson : 1 h • pour 6 personnes

1 terrine - 1 tamis
1 rouleau à pâtisserie
1 plaque de cuisson
1 pinceau - 1 passette

- 500 g + 2 cuil. à soupe de farine
- 30 g de levure de boulanger
- 75 g de sucre
- 250 g de beurre ramolli
- 250 g de fruits confits en dés
- 150 g de raisins secs réhydratés
- 20 cl de lait
- 3 paquets de sucre vanillé
- 1 pointe de couteau de cardamome en poudre
- 1 zeste de citron non traité râpé
- 1/2 cuil. à café de sel
- 150 g de beurre fondu
- sucre glace

1 Creusez la farine tamisée en fontaine. Versez-y la levure délayée dans 10 cl de lait tiède. Incorporez un peu de farine, saupoudrez de farine, laissez lever, 20 minutes. Ajoutez le reste de lait tiède, le sel, le beurre, le sucre, le sucre vanillé, le zeste de citron et la cardamome. Travaillez la pâte à la main, ou au robot, jusqu'à ce qu'elle soit lisse et satinée et qu'elle se détache de la terrine.

2 Laissez la pâte doubler de volume, puis crevez-la et étalez-la avec les mains. Parsemez des fruits confits et des raisins. Pétrissez pour les incorporer. Laissez à nouveau doubler de volume.

3 Sur le plan de travail fariné, étalez la pâte en un ovale de 6-7 cm d'épaisseur. Pliez l'un des longs côtés jusqu'aux 2/3 du bord. Déposez sur une plaque. Laissez lever, 45 minutes. Enfournez à th. 7 (210 °C) pour 20 minutes, puis baissez th. 6 (180 °C) pour 40 minutes.

4 À la sortie du four, badigeonnez de beurre fondu. Saupoudrez de sucre vanillé et de sucre glace. Laissez reposer une journée à température ambiante, puis enveloppez de plusieurs tours de papier film et de papier d'aluminium.

variante

Une autre version se confectionne sans fruits ni raisins avec un mélange d'amandes pelées et concassées et de zestes de citron confit.

truc de cuisinier

Gardez le Stollen dans un endroit frais, au moins 3 semaines et jusqu'à 5 semaines. Au moment de servir, saupoudrez à nouveau largement de sucre glace.
En Allemagne, les Stollen se confectionnent toujours par deux, l'un pour la famille, l'autre à offrir en cadeau.

Mannele
(bonshommes briochés de la Saint-Nicolas)

bon marché • facile à réaliser • préparation : 30 min • levée : 2 h 30 • cuisson : 20 min • pour 6 personnes

1 bol - 1 jatte
1 paire de ciseaux
1 plaque de cuisson
1 pinceau

- 500 g + 2 cuil. à soupe de farine
- 100 g de sucre en poudre
- 100 g de sucre glace
- 1 sachet de sucre vanillé
- 150 g de beurre ramolli
- 2 œufs + 2 jaunes
- 15 cl de lait
- 30 g de levure de boulanger
- raisins secs
- 20 g de beurre et 1 cuil. à soupe de farine pour la tôle
- 1 cuil. à café rase de sel

1 Délayez la levure dans 5 cl de lait tiède. Incorporez 2 cuillerées à soupe de farine pour obtenir un pâton souple. Laissez doubler de volume. Tamisez le reste de farine avec le sel. Creusez en fontaine. Ajoutez 2 œufs battus, le reste de lait tiède, le sucre en poudre et le sucre vanillé. Travaillez longuement la pâte, puis incorporez le beurre en cubes.

2 Travaillez la pâte jusqu'à ce qu'elle se détache des mains, puis incorporez le levain. Laissez doubler de volume.

3 Versez la pâte sur le plan de travail fariné. Pétrissez rapidement. Divisez-la en pâtons d'environ 60 g. Façonnez des cylindres. Serrez le haut pour obtenir la tête. Avec des ciseaux incisez le tronc de part et d'autre pour former les bras, puis le centre pour former les jambes.

4 Disposez les bonshommes sur une tôle beurrée et farinée. Dorez au jaune d'œuf. Piquez des raisins pour les yeux et les boutons. Laissez lever 20 minutes. Enfournez 15 à 20 minutes, th. 6 (180 °C). Badigeonnez les bonshommes de sucre glace délayé dans un peu d'eau pour les faire briller.

variante

Pour des bonshommes au chocolat, tamisez avec la farine 2 cuillerées à soupe de cacao amer ou incorporez des pépites dans la pâte avant de la façonner.

truc de cuisinier

Battez vigoureusement la pâte à la main ou au robot pour bien l'aérer.
Découpez des bras assez vigoureux : trop minces, ils dessèchent par rapport au corps.
Les mannele se congèlent juste refroidis.

Panforte de Sienne

un peu cher • facile à réaliser • préparation : 20 min • cuisson : 45 min • pour 6 personnes

1 poêle - 1 petite casserole - 1 jatte - 1 spatule plate - 1 moule rectangulaire

- 200 g de sucre roux - 2 cuil. à soupe de miel de bruyère ou de sapin
- 100 g de noisettes + 100 g d'amandes pelées
- 200 g d'orange et 100 g de cédrat confits
- 150 g + 1 cuil. à soupe de farine
- 20 g de cacao amer
- 50 g de beurre + 20 g pour le moule
- épices en poudre
- 2 cuil. à soupe de sucre glace
- 2 pincées de cannelle

Faites griller les fruits secs en les remuant dans une poêle. Coupez les fruits confits en dés.

Allumez le four th. 5 (150 °C). Dans une jatte, mélangez 150 g de farine tamisée avec le cacao, les épices (1 cuillerée à café de cannelle, 1 de quatre-épices, 1 pincée de noix de muscade, 1 de cardamone et 1 de poivre), les fruits secs et confits.

Dans une casserole, portez à frémissements 15 cl d'eau avec le miel et le sucre en remuant. Faites cuire jusqu'à couleur ambrée. Incorporez le beurre. Versez dans la jatte. Mélangez bien.

Répartissez la pâte dans un moule tapissé de papier sulfurisé beurré. Lissez avec une spatule farinée. Enfournez pour 30 minutes. Laissez refroidir 4 heures. Démoulez, saupoudrez du sucre glace mélangé à la cannelle et coupez en très fines tranches.

Délice chocolat-marrons

un peu cher • facile à réaliser • préparation : 30 min • cuisson : 10 min • réfrigération : 12 h • pour 6 personnes

1 bol - 1 bain-marie - 1 petite casserole - 3 jattes - 1 batteur - 1 moule à cake ou 6 moules individuels

- 250 g de chocolat amer à 70 % - 125 g de crème de marrons vanillée
- 80 g de sucre glace - 4 œufs
- 120 g de beurre ramolli - 10 cl de crème liquide froide
- 100 g de brisures de marrons glacés - 5 cl de cognac - 4 feuilles de gélatine (8 g)
- 12 marrons glacés - feuilles d'or - éventails en chocolat

Trempez la gélatine dans de l'eau froide. Travaillez le beurre jusqu'à blanchiment avec le sucre glace. Faites fondre le chocolat au bain-marie, puis lissez-le. Faites fondre la gélatine essorée dans le cognac tiédi. Allégez la crème de marrons au fouet. Incorporez la gélatine, le chocolat, le beurre, les jaunes d'œufs, puis la crème liquide fouettée, les brisures de marrons et les blancs battus en neige.

Versez dans un moule tapissé de papier film. Lissez avec une spatule, couvrez le moule de papier étirable. Entreposez dans la partie la plus froide du réfrigérateur, 12 heures.

Démoulez la mousse sur un plat de service. Retirez le papier. Décorez d'éventails en chocolat, de brisures de feuilles d'or et de marrons glacés.

Quartier de lune aux fruits exotiques

coût modéré • facile à réaliser • préparation : 45 min • cuisson : 35 min • pour 6 personnes

1 terrine - 2 jattes - 1 saladier - 1 batteur - 1 couteau-scie - 1 moule à manqué de grande taille

5 œufs - 125 g de poudre d'amandes

150 g de sucre en poudre

40 g de fécule - 40 g de farine

1 zeste de citron vert râpé

20 g de beurre - 1 pincée de sel

Pour la finition

50 cl de crème liquide très froide

1/2 ananas Victoria - 1/2 mangue - 1/2 papaye - 2 kiwis - 2 jus de citron vert

20 cl de sirop de sucre de canne

3 cuil. à soupe de sucre glace - 2 sachets de sucre vanillé

100 g de noix de coco râpée - perles argentées

1 Battez 1 œuf entier, 4 jaunes, le sucre. Incorporez la farine tamisée avec la fécule, la poudre d'amandes, le zeste et, délicatement, 4 blancs battus en neige avec le sel. Versez dans un moule beurré et fariné. Enfournez à th. 5 (150 °C), pour 30-35 minutes. Démoulez sur une grille.

2 Pelez, dénoyautez et coupez les fruits en petits dés. Faites-les macérer avec 10 cl de sirop de canne et 1 jus de citron, 1 heure. Battez la crème en neige ferme avec le sucre glace mélangé à la vanille. Gardez au frais.

3 Découpez dans le gâteau froid 2 croissants de lune. Retirez la croûte sur une face. Imbibez la mie de 10 cl de sirop de canne mélangé à 2 cuillerées à soupe d'eau et 1 jus de citron. Sur un plat, couvrez une abaisse d'une couche de crème, des fruits égouttés et du deuxième quartier de biscuit.

4 Masquez du reste de crème. Parsemez de noix de coco. Décorez de perles ou de tout autre motif au choix.

variante

Un bon rhum ambré peut remplacer le jus de citron vert.

truc de cuisinier

Pour découper le gâteau en quartiers de lune, posez un moule plus petit sur un côté du gâteau. Suivez son tracé pour découper un quartier de lune, tournez le moule de l'autre côté et recommencez.
Pour réussir la chantilly, versez la crème, 1 heure à l'avance, dans une jatte et entreposez-la au réfrigérateur avec les fouets du batteur.

Bûche pain d'épices aux cristallines d'orange

un peu cher • facile à réaliser • préparation : 45 min • cuisson : 20 min • réfrigération : 3 h • pour 6 personnes

1 batteur - 2 jattes - 1 casserole - 1 poêle - 1 plaque à pâtisserie - papier sulfurisé

- 120 g de sucre semoule
- 50 g de farine - 4 œufs
- 50 g de fécule - 20 g de beurre
- 1 pincée de cannelle
- 1 pincée de sel
- 100 g de pain d'épices
- 25 cl de lait - 3 jaunes d'œufs
- 180 g de beurre - 30 g de fécule de maïs
- 5 cuil. à soupe de miel de sapin
- 10 cl de sirop de sucre de canne
- 2 cuil. à soupe de Grand-Marnier
- 1 cuil. à café rase d'épices pour pain d'épices
- cristallines d'orange

1 Fouettez 4 jaunes avec le sucre, 1 minute. Incorporez farine, fécule, cannelle et blancs montés en neige avec le sel. Étalez sur une plaque tapissée de papier sulfurisé beurré. Enfournez pour 10 minutes, th. 7 (210 °C). Démoulez sur un linge humide, retirez le papier, roulez avec le linge.

2 Battez 3 jaunes et 3 cuillerées à soupe de miel, 1 minute. Incorporez la fécule de maïs, puis le lait chaud. Faites épaissir en remuant. Hors du feu, incorporez les épices et 50 g de beurre. Travaillez 100 g de beurre en crème. En fouettant, incorporez la crème épicée froide. Réservez-en 5 à 6 cuillerées.

3 Déroulez le biscuit, arrosez-le de sirop de canne et de liqueur. Étalez le reste de crème, roulez, coupez les extrémités en biais. Sur un plat, masquez de crème réservée. Réfrigérez, 3 heures.

4 Faites caraméliser le pain d'épices émietté dans 2 cuillerées à soupe de miel avec 30 g de beurre. Laissez refroidir. Parsemez-en la bûche. Décorez de cristallines d'orange.

variante

Ajoutez en décoration, ou mettez à la place des cristallines, fruits confits, orange et citron joliment découpés, éclats de cannelle, étoiles de badiane.

truc de cuisinier

Coupez 2 oranges bio en deux puis en tranches fines. Plongez-les dans un sirop de 15 cl d'eau et 100 g de sucre, cuit 2 minutes. Égouttez-les, disposez-les sur une plaque à pâtisserie antiadhésive. Couvrez de papier sulfurisé et d'une grille renversée. Enfournez les cristallines pour 2 heures, th. 3 (90 °C).

Gâteau des anges

bon marché • facile à réaliser • préparation : 20 min • cuisson : 1 h • pour 6 personnes

1 tamis

1 grande bassine à fond rond

1 grand fouet ou 1 batteur

1 moule haut en couronne ou 1 moule tube pan

10 blancs d'œufs à température ambiante

270 g de sucre semoule fin

sucre glace

90 g de farine

30 g de fécule de maïs

1 cuil. à café de crème de tartre

1 cuil. à café d'eau de fleurs d'oranger

1 pincée de sel

1 Allumez le four th. 5 (150 °C). Tamisez 3 fois la farine avec la fécule et 70 g de sucre. Versez les blancs dans une grande bassine bien sèche. Commencez à les battre doucement pour les faire mousser, puis ajoutez le sel et la crème de tartre et accélérez le mouvement.

2 Lorsque les blancs sont presque fermes, ajoutez, en pluie fine et en plusieurs fois, le reste de sucre. Continuez de fouetter quelques minutes : la neige doit être ferme et brillante.

3 En le tamisant à nouveau, incorporez peu à peu le mélange farine-fécule. Soulevez délicatement la masse pour préserver sa légèreté, puis incorporez la fleur d'oranger.

4 Versez la pâte dans le moule tapissé au fond d'un disque de papier de cuisson. Lissez le dessus. Enfoncez plusieurs fois la lame d'un couteau dans la pâte pour éliminer les bulles d'air. Enfournez pour 1 heure. Laissez refroidir, puis passez une lame de couteau sur le bord et démoulez sur un plat. Saupoudrez largement le gâteau de sucre glace.

variante

Remplacez l'eau de fleurs d'oranger par une cuillerée à café de vanille liquide ou 5 à 6 gouttes d'extrait d'amandes amères.

truc de cuisinier

Entreposez les blancs dans une boîte hermétique, à température ambiante, la veille de la confection du gâteau.
Le tube pan est un moule traditionnel haut, à cheminée ; on en trouve en silicone.
La crème de tartre permet de stabiliser les blancs d'œufs battus. Elle se présente sous forme de poudre blanche.

Pompe de Noël

coût moyen • facile à réaliser • préparation : 30 min • levée : 5 h • réfrigération : 8 h • cuisson : 20 min • pour 6 personnes

1 bol - 1 jatte - 1 terrine

1 plaque de cuisson - 1 pinceau

250 g + 1 cuil. à soupe de farine

10 g de levure de boulanger

60 g de cassonade

2 œufs

10 cuil. à soupe d'huile d'olive

1/2 zeste d'orange et 1/2 zeste de citron non traités râpés

4 cuil. à soupe d'eau de fleurs d'oranger

1 cuil. à café de sel

Délayez la levure dans 5 cl d'eau tiède. Ajoutez assez de farine pour obtenir un pâton mou. Laissez doubler de volume. Tamisez le reste de farine avec le sel. Creusez en fontaine. Versez-y les œufs, 8 cuillerées à soupe d'huile, le sucre, l'eau de fleurs d'oranger et les zestes.

Amalgamez le centre du bout des doigts, puis incorporez la farine et le levain. Rassemblez la pâte en boule. Placez-la dans une jatte rincée à l'eau bouillante et bien essuyée. Laissez lever 4 heures. Faites retomber la pâte. Mettez au frais, 8 heures.

Étalez la pâte en ovale. Déposez-la sur une plaque de cuisson huilée. Avec la pointe d'un couteau, pratiquez des entailles en forme de rayons de soleil. Laissez lever 1 heure. Humidifiez la pâte au pinceau. Enfournez pour 15-20 minutes, th. 7 (210 °C). Déposez la pompe sur une grille. Badigeonnez-la d'huile. Servez tiède.

Ogeï

un peu cher • facile à réaliser • préparation : 30 min • macération : 12 h • levée : environ 2 h • cuisson : 25 min • pour 6 personnes

1 bol - 1 jatte - 1 rouleau à pâtisserie - 1 plaque de cuisson - 1 pinceau

250 g + 2 cuil. à soupe de farine - 10 g de levure de boulanger - 10 cl de lait - 3 jaunes d'œufs - 30 g de sucre en poudre - 100 g de beurre

100 g de fruits secs (pruneaux, figues, abricots) - 50 g de fruits confits (orange, cédrat, angélique, bigarreaux) - 40 g de cerneaux de noix - épices pilées (1 pointe de cannelle et 1 éclat de badiane, 3 graines de cardamome)

10 cl d'alcool (prunes ou kirsch)

sucre glace - 1 pincée de sel

Faites macérer les fruits secs et confits en dés, les noix hachées, les épices dans l'alcool, 12 heures.

Travaillez en pâte homogène 250 g de farine tamisée avec le sel, la levure délayée dans le lait tiédi, 2 jaunes d'œufs et le sucre. Incorporez 50 g de beurre en cubes. Battez, 10 minutes. Laissez doubler de volume.

Étalez la pâte en rectangle sur une plaque beurrée et farinée. Parsemez des fruits. Pliez le grand côté sur les fruits, puis roulez la pâte pour les enfermer. Rabattez les côtés sous le rouleau. Dorez au jaune d'œuf. Laissez lever 30 minutes.

Enfournez à th. 6 (180 °C), pour 25 minutes. Badigeonnez de 30 g de beurre fondu. Saupoudrez de sucre glace.

Demi-lunes à la vanille

bon marché • facile à réaliser • préparation : 30 min • réfrigération : 2 h • cuisson : 12-15 min • pour 6 personnes

1 poêle
1 pilon
1 jatte
1 plaque de cuisson
1 bol
1 pinceau
papier de cuisson

300 g + 3 cuil. à soupe de farine
200 g de beurre
3 jaunes d'œufs
90 g de sucre en poudre
100 g de sucre glace
jus d'orange
120 g d'amandes mondées
1 gousse de vanille
1 pincée de sel

1 Faites griller les amandes. Laissez-les refroidir, concassez-les finement. Travaillez le beurre en pommade. Incorporez les jaunes d'œufs, le sucre en poudre, 1 pincée de sel, la pulpe grattée d'une gousse de vanille, les amandes et 300 g de farine. Travaillez en pâte homogène, Formez une boule. Enveloppez-la d'un linge. Mettez au frais, 2 heures.

2 Allumez le four th. 6 (180 °C). Avec les mains farinées, prélevez des petites boules de pâte. Avec la paume, roulez-les sur le plan de travail fariné en boudins de 1 cm de diamètre et de 5-6 cm de long.

3 Déposez les boudins sur une plaque tapissée de papier de cuisson et incurvez-les en demi-lune. Enfournez pour 12-15 minutes.

4 Délayez le sucre glace avec du jus d'orange, le glaçage devant rester épais. Dès la sortie du four enduisez les croissants de glaçage. Laissez-les sécher et refroidir sur une grille.

variante

Remplacez les amandes par des noisettes ou des noix, de Grenoble, de pécan ou macadamia.
Colorez le sucre glace d'une goutte de colorant alimentaire, rouge ou vert.

truc de cuisinier

Pour prélever la pulpe de vanille, posez la gousse sur une planche, aplatissez-la avec le plat d'un couteau, puis fendez-la en deux dans la longueur et raclez la pulpe avec un couteau.

Cœurs de framboises sablés

coût modéré • facile à réaliser • préparation : 30 min • repos : 3 h • cuisson : 12-15 min • pour 6 personnes

1 terrine - 1 batteur - 1 plaque de cuisson - 1 emporte-pièce rond de 5 cm de diamètre - 1 emporte-pièce de petite taille (cœur, étoiles, sapin)

300 g de farine - 4 jaunes d'œufs

150 g de beurre ramolli

125 g de sucre glace

25 g d'amandes ou de noisettes moulues - 1 gousse de vanille

1 cuil. à café de levure chimique

confiture de framboises

1 cuil. à café de lait

1 pincée de sel

Travaillez le beurre en crème avec 100 g de sucre glace. Incorporez les amandes, 3 jaunes et la pulpe grattée de la gousse de vanille. Mélangez bien, incorporez la farine tamisée avec la levure et le sel. Mettez la pâte au frais dans un linge, 3 heures.

Remettez la pâte à température ambiante, 30 minutes, puis étalez-la sur 2 mm d'épaisseur. Découpez en disques. Découpez le centre de la moitié des disques en forme de cœur ou un autre sujet au choix.

Badigeonnez les disques pleins de jaune d'œuf détendu avec un peu de lait. Couvrez d'un sablé perforé. Faites cuire sur une plaque tapissée de papier de cuisson, 12-15 minutes, th. 6 (180 °C).

Saupoudrez les sablés froids de sucre glace. Remplissez les creux de confiture.

Doigts de fée à la pistache

bon marché • facile à réaliser • préparation : 20 min • cuisson : 2 h • pour 6 personnes

1 poêle - 1 bassine à fond rond

1 fouet - 1 râpe - 1 bol - papier sulfurisé - 1 poche à douille lisse ou cannelée

1 ou 2 plaques à pâtisserie

1 thermomètre de cuisson

5 blancs d'œufs

150 g de sucre en poudre

125 g de sucre glace

100 g de pistaches vertes

200 g de chocolat noir ou au lait

Faites légèrement griller les pistaches. Laissez-les refroidir, réduisez-les en poudre. Tamisez la moitié avec le sucre glace. Battez les blancs en neige molle, puis ajoutez le sucre en poudre. La meringue doit être ferme et former des pics sur le fouet. Incorporez le mélange sucre glace - pistaches.

À la douille, déposez la meringue en bâtonnets sur une plaque tapissée de papier sulfurisé. Parsemez de pistaches. Enfournez 2 heures à th. 3 (90 °C). Glissez un manche de cuillère dans la porte pour évacuer la vapeur. Laissez sécher les meringues dans le four éteint.

Râpez le chocolat. Faites-en fondre les 2/3 au bain-marie. Retirez de l'eau, ajoutez le reste de chocolat. Réchauffez à 30-32 °C. Plongez les meringuettes jusqu'à la moitié dans le chocolat. Laissez refroidir sur du papier sulfurisé.

Duchesses au Nutella®

bon marché • facile à réaliser • préparation : 30 min • cuisson : 10-12 min • pour 6 personnes

1 petite casserole

1 bassine demi-sphérique

1 terrine

1 batteur

1 tôle de cuisson

1 poche à pâtisserie + 1 douille lisse de 10 mm d'ouverture et 1 douille pour écriture

4 blancs d'œufs

125 g de noisettes pelées

100 g de sucre en poudre

1 pincée de sel

60 g de beurre

60 g de farine

20 g de beurre et 1 cuil. à soupe de farine pour la plaque

1 cuil. à café de vanille liquide

1 pot de Nutella®

50 g de chocolat amer

1 Faites fondre le beurre, sans le chauffer. Mélangez la farine tamisée, le sucre et les noisettes hachées. Battez les blancs d'œufs en neige ferme avec le sel. Incorporez délicatement le mélange farine-noisettes, puis la vanille et le beurre fondu froid.

2 Versez la pâte dans une poche à pâtisserie de 10 mm. Sur une ou deux plaques beurrées et farinées, déposez la pâte en languettes, bien espacées, de 6-7 cm de long.

3 Allumez le four à chaleur tournante, th. 7 (210 °C). Enfournez les duchesses pour environ 10 minutes, puis laissez-les refroidir.

4 Masquez la face plate de la moitié des duchesses de Nutella®. Appliquez dessus une meringue nature. Faites fondre le chocolat au bain-marie. Versez-le dans une poche à décoration munie d'une douille réservée à l'écriture. Dessinez des rayures sur les duchesses.

variante

Remplacez les noisettes par des amandes ou des noix en poudre. Assemblez les duchesses à l'aide de pâte d'amandes colorée, de crème de marron, de pralinoise fondue, d'une confiture épaisse ou de nougat fondu au bain-marie.

truc de cuisinier

Utilisez des noisettes entières, faites-les griller, puis frottez-les bien chaudes dans un torchon rugueux pour enlever la peau. Hachez-les au couteau ou réduisez-les par impulsions dans un robot en poudre grossière.

Étoiles à la cannelle

coût moyen • facile à réaliser • préparation : 30 min • attente : 12 h • cuisson : 5 min • pour 6 personnes

1 mortier
1 jatte
1 batteur
1 bol
1 emporte-pièce étoilé
1 plaque de cuisson
1 pinceau

2 blancs d'œufs (calibre 70)
250 g d'amandes non pelées
200 g + 2 cuil. à soupe de sucre glace
1 cuil. à café de cannelle
1 cuil. à soupe de jus de citron

Pour le glaçage
1/2 blanc d'œuf
50 g de sucre glace

1 Pilez les amandes en poudre fine avec 50 g de sucre glace. Battez les blancs d'œufs en neige ferme. Incorporez 150 g de sucre glace mélangé avec les amandes, la cannelle et le jus de citron.

2 Saupoudrez le plan de travail d'une fine couche de sucre glace. Versez-y la pâte et étalez-la sur 7-8 mm d'épaisseur. Au batteur, fouettez vivement le demi-blanc d'œuf avec le sucre glace.

3 Avec un emporte-pièce, découpez la pâte en étoiles. Alignez-les sur une plaque recouverte de papier de cuisson. Badigeonnez-les de glaçage. Laissez sécher à température ambiante, 12 heures.

4 Allumez le four th. 8 (240 °C). Enfournez pour environ 5 minutes. Veillez à ce que le glaçage dore à peine. Décollez les étoiles. Laissez-les refroidir sur une grille.

variante

Remplacez la moitié des amandes par des noisettes et le jus de citron par du kirsch.

truc de cuisinier

Pour préserver le maximum d'arômes, réduisez en poudre de la cannelle en bâtons.
Étalez la pâte entre deux feuilles de papier film et découpez-la avec un emporte-pièce humidifié.

Sablés à la vanille de Bonne-Maman

bon marché • facile à réaliser • préparation : 30 min • réfrigération : 2-3 h • cuisson : 12-15 min • pour 6 personnes

1 terrine - 1 tamis - 1 plaque de cuisson - emporte-pièce variés et festifs

- 250 g de farine
- 150 g de beurre ramolli
- 125 g de sucre glace
- 60 g d'amandes moulues
- 1 pointe de levure chimique
- 1 œuf entier + 2 jaunes
- 2 gousses de vanille
- 1 cuil. à café de lait
- 30 g de beurre et 3 cuil. à soupe de farine pour la plaque et le façonnage

Tamisez la farine avec la levure et creusez-la en fontaine. Ajoutez le sucre, le beurre en cubes, la pulpe grattée des gousses de vanille, les amandes moulues.

Mélangez en partant du centre et en incorporant peu à peu la farine. Lorsque la pâte est homogène, versez-la sur le plan de travail fariné, sablez-la entre vos mains, incorporez 1 œuf entier et 1 jaune. Mélangez bien et rassemblez en boule. Mettez au frais dans un linge, 2-3 heures.

Allumez le four th. 6 (180 °C). Remettez la pâte reposée à température ambiante pour la ramollir. Sur le plan de travail fariné, étalez-la sur 4 mm d'épaisseur.

Découpez la pâte en motifs variés. Alignez-les sur une plaque beurrée et farinée. Dorez-les au jaune d'œuf délayé d'un peu de lait. Laissez sécher, dorez à nouveau, laissez sécher. Enfournez pour 12-15 minutes. Faites refroidir sur une grille.

Roses des vents au chocolat

bon marché • facile à réaliser • préparation : 20 min • cuisson : 1 h 10 • pour 6 personnes

1 bassine à fond rond - 1 bain-marie - 1 batteur

2 petites cuillères - 1 plaque de cuisson - papier sulfurisé

petits sacs transparents ou caissettes en papier plissé de couleur

- 300 g d'amandes effilées
- 250 g de sucre semoule
- 4 blancs d'œufs
- 1/2 cuil. à café de vanille en poudre
- 100 g de chocolat fondu - 40 g de cacao amer

Allumez le four th. 4 (120 °C). Préparez un bain-marie frémissant. Montez les blancs en neige molle. Placez la bassine dans le bain-marie.

En continuant de fouetter vivement, versez peu à peu le sucre en pluie. La neige doit être ferme, lisse et brillante. Hors de l'eau, incorporez délicatement la vanille, le chocolat fondu, le cacao tamisé et pour finir les lamelles d'amandes.

Tapissez une grande plaque à pâtisserie de papier sulfurisé. À l'aide de deux petites cuillères, déposez la pâte en petits tas ronds, bien espacés les uns des autres. Enfournez-les pour 1 heure.

Détachez les roses des vents et placez-les dans des petits sacs transparents ou dans de jolies caissettes en papier plissé de couleur.

Palets aux amandes

bon marché • facile à réaliser • préparation : 20 min • cuisson : 12-15 min • pour 6 personnes

1 jatte
1 batteur
1 plaque de cuisson
2 petites cuillères
1 spatule plate
papier sulfurisé

150 g de farine
125 g de beurre ramolli + 20 g pour la plaque
2 œufs à température ambiante
125 g de sucre glace
50 g de poudre d'amandes
1 cuil. à café de vanille liquide
environ 40 amandes entières mondées

1 Travaillez le beurre avec le sucre glace jusqu'à ce que le mélange soit blanc et crémeux.

2 Ajoutez les œufs, un à un. Lorsque la préparation est lisse, incorporez la farine, la vanille et les amandes. Allumez le four th. 6 (180 °C).

3 Tapissez une plaque à pâtisserie de papier sulfurisé beurré. Avec deux petites cuillères ou une poche à douille lisse, dressez la pâte en boules de la grosseur d'une noix, bien espacées les unes des autres.

4 Enfoncez légèrement une amande au centre de chaque boule. Faites cuire environ 12 à 15 minutes. Avec une spatule plate, détachez les palets. Posez-les sur une grille. Laissez-les refroidir avant de les réserver dans une boîte métallique hermétique.

variantes

Palets des dames : incorporez dans la pâte 50 g de raisins secs lavés, séchés et mis à macérer, 2 heures, dans 3 cuillerées à soupe de rhum. Saupoudrez de sucre glace avant d'enfourner.
Palets niçois : incorporez 30 g d'écorce d'orange confite hachée.

truc de cuisinier

Surveillez la cuisson : les palets sont cuits lorsque le tour prend une teinte brun pâle, le centre étant à peine doré.

Florentins

un peu cher • facile à réaliser • préparation : 30 min • cuisson : 13 min • pour 6 personnes

1 bol

1 casserole en matériau épais

1 plaque de cuisson

1 pinceau

1 grande cuillère

1 fourchette

1 thermomètre de cuisson (facultatif)

60 g de farine

150 g de cassonade

50 g de miel liquide

15 cl de crème fraîche

100 g d'amandes, de pistaches et de noisettes pelées mélangées

100 g d'écorce d'orange confite

50 g de cerises confites

200 g de chocolat amer

30 g de beurre pour la tôle

1 Allumez le four th. 6 (180 °C). Au couteau, hachez grossièrement les noisettes avec les amandes et les pistaches. Hachez les fruits confits. Mélangez-les.

2 En remuant, portez le miel, la crème et la cassonade à frémissements, 5 minutes (118 °C au thermomètre à sucre). Hors du feu, incorporez le mélange de fruits puis la farine. Déposez la pâte par petites cuillerées sur une tôle beurrée.

3 Étalez-les légèrement en disques avec le dos d'une cuillère mouillée. Enfournez, pour 7-8 minutes. Prévoyez 2 cuissons successives pour environ 24 pièces.

4 Faites fondre le chocolat. Retournez les florentins sur une grille. Avec un pinceau, enduisez leur face plate de chocolat fondu. Striez-le en vagues avec une fourchette. Laissez durcir, face enduite vers le haut.

variante

Remplacez les fruits secs hachés par 100 g d'amandes effilées.
Enduisez la partie plate de la moitié des florentins de chocolat amer et l'autre moitié de chocolat au lait ou de chocolat blanc.

truc de cuisinier

Espacez bien les petits tas de pâte : ils vont s'étaler à la cuisson.
Les florentins se conservent au sec, dans une boîte métallique bien hermétique, 3 à 4 jours. Séparez les couches avec du papier sulfurisé.

Shortbread écossais

bon marché • facile à réaliser • préparation : 20 min • cuisson : 30 min • repos : 1 h • pour 6 personnes

1 terrine
1 plaque de cuisson
papier sulfurisé
1 batteur
1 rouleau

300 g de farine
200 g de beurre demi-sel
100 g de sucre roux

Battez le beurre avec le sucre en crème mousseuse et claire, puis incorporez la farine en 3 fois. La pâte devient assez ferme.

Étalez la pâte en un rectangle de 1 cm d'épaisseur entre deux feuilles de papier sulfurisé. Glissez-la sur une plaque de cuisson. Retirez la feuille du dessus, rectifiez les bords du rectangle. Entaillez la pâte jusqu'au fond en bandes puis en carrés. Recoupez chaque carré en biais pour obtenir des triangles. Mettez au frais, 1 heure.

Allumez le four th. 5 (150 °C). Enfournez la plaque et laissez cuire environ 30 minutes jusqu'à ce que la pâte soit légèrement dorée. Découpez la galette en suivant les entailles et détachez les triangles. Laissez-les refroidir sur une grille (attention, ils sont fragiles). Ils se conservent 2 à 3 semaines dans une boîte en fer-blanc.

Sablés en spirales bicolores

coût moyen • facile à réaliser • préparation : 30 min • réfrigération : 3 h • cuisson : 15-17 min • pour 6 personnes

1 jatte - 1 tamis - 1 rouleau à pâtisserie - 1 plaque de cuisson - papier sulfurisé - 1 couteau tranchant - 1 pinceau

Pour la pâte claire

175 g de farine - 1 jaune d'œuf - 100 g de beurre ramolli - 75 g de sucre glace - 2 pincées de levure chimique - 2 cuil. à café de zestes d'orange bio râpée - 1 cuil. à soupe d'eau de fleurs d'oranger - 2 cuil. à soupe de lait - 1 pincée de sel

Pour la pâte chocolat

mêmes ingrédients + 20 g de cacao amer - 60 g de chocolat haché - ni zestes, ni fleur d'oranger, ni lait

Pour la pâte claire, tamisez la farine avec la levure, le sucre, le sel. Incorporez le beurre en cubes, l'eau de fleurs d'oranger, les zestes puis le jaune d'œuf. Sablez la pâte entre vos mains. Rassemblez-la en boule.

Préparez de la même manière la pâte chocolatée en tamisant le cacao avec la farine et en ajoutant le chocolat.

Entre deux feuilles de papier sulfurisé, étalez les pâtes en rectangles égaux de 2 mm d'épaisseur. Retirez le papier. Badigeonnez la pâte claire de lait. Couvrez de pâte chocolatée. Rectifiez les bords. Roulez en formant un boudin. Mettez-le au frais dans le papier, 3 heures.

Coupez le rouleau en tranches de 5 mm d'épaisseur. Faites-les cuire sur une plaque de cuisson tapissée de papier sulfurisé, au four th. 6 (180 °C), 15-17 minutes.

Leckerlis aux fruits confits

un peu cher • facile à réaliser • préparation : 20 min • repos : 12 h • cuisson : environ 15 min • pour 6 personnes

2 bols

1 casserole en matériau épais

1 jatte

1 tôle

1 couteau-scie

1 pinceau

300 g de farine

200 g de miel (acacia, oranger)

100 g de sucre semoule

100 g de sucre glace

60 g d'oranges et 60 g de citrons confits

125 g d'amandes mondées

2 cuil. à café rases d'épices pour pain d'épices

5 g de bicarbonate de soude

lait

1 jus d'orange

20 g de beurre + 1 cuil. à soupe de farine pour la cuisson

1 Coupez les fruits confits en dés. Faites-les macérer dans 1/2 jus d'orange. Hachez grossièrement les amandes.

2 Chauffez doucement le miel avec le sucre semoule. Hors du feu, ajoutez les amandes, les épices, les fruits confits et leur jus. Mélangez bien. Lorsque le mélange est homogène, incorporez la farine tamisée avec le bicarbonate de soude. Si la pâte est trop ferme, ajoutez un peu de lait pour l'assouplir.

3 Déposez-la sur une tôle beurrée et farinée. Étalez-la encore chaude avec les mains humides, sur 1 cm d'épaisseur. Couvrez d'une feuille de papier sulfurisé. Mettez au frais, 12 heures.

4 Allumez le four th. 6-7 (200 °C). Enfournez pour environ 15 minutes. Mélangez le sucre glace avec un peu de jus d'orange, le glaçage devant être épais. Découpez le gâteau chaud en rectangles. Badigeonnez-les de glaçage.

variante

Remplacez le jus d'orange de macération des fruits et du glaçage par un alcool : kirsch, mirabelle, rhum...

truc de cuisinier

Patience ! les leckerlis sont bien meilleurs après 3-4 jours de maturation.

Spritz bredele (sablés à la douille)

bon marché • facile à réaliser • préparation : 30 min • repos : 30 min • cuisson : environ 15 min • pour 6 personnes

1 terrine

1 batteur

1 poche à douille cannelée

1 plaque à pâtisserie

papier sulfurisé

250 g de farine

130 g de beurre ramolli

100 g de sucre glace

7 cuil. à soupe de lait tempéré

1 sachet de sucre vanillé

1 pincée de levure chimique

50 g de fruits confits variés

1 Tapissez une grande tôle de papier sulfurisé. Coupez les fruits confits en dés.

2 Battez le beurre avec le sucre pour obtenir une crème claire et mousseuse. Incorporez le lait, puis la farine tamisée avec la levure et le sucre vanillé. Travaillez en pâte homogène.

3 Versez la pâte dans une poche à douille cannelée. Déposez-la en forme d'anneaux, de serpentins, de cercles, de mini-bretzels, de chiffres, sur la plaque tapissée de papier sulfurisé.

4 Enfoncez un dé de fruit confit dans les courbes des motifs. Laissez en attente 30 minutes. Enfournez à th. 6 (180 °C), pour environ 15 minutes. Attendez 5 minutes, puis avec une palette déposez les sablés sur une grille et laissez-les refroidir.

variante

Ajoutez à la pâte 60 à 80 g de fruits secs en poudre : noisettes, noix, amandes, noix de coco. Remplacez les fruits confits par des noisettes ou des amandes émondées. Trempez les spritz à moitié dans du chocolat fondu.

truc de cuisinier

La pâte doit être assez souple pour pouvoir passer dans la douille. Si nécessaire, ajoutez 1 œuf entier ou 2 jaunes ou un peu plus de lait.

Pour une pâte plus ferme, on trouve dans le commerce des douilles adaptables sur le hachoir à viande.

Étoiles de Noël soufflées au chocolat et aux épices

coût moyen • délicat à réaliser • préparation : 30 min • repos : 1 h • cuisson : 12-15 min • pour 6 personnes

1 rouleau à pâtisserie

1 emporte-pièce en forme d'étoile

1 poche à douille unie

1 plaque à pâtisserie

papier de cuisson - 1 pinceau

Pour la pâte

200 g de farine

125 g de beurre ramolli

70 g de sucre glace

2 jaunes d'œufs

2 cuil. à soupe de lait

1 pincée de sel

Pour la garniture

1 blanc d'œuf

60 g de sucre glace

30 g de chocolat râpé

30 g de noisettes en poudre

épices (1 cuil. à café de gingembre + 1 de cannelle, 1 clou de girofle pilé)

1 Creusez la farine tamisée avec le sel et le sucre glace en fontaine. Ajoutez les jaunes d'œufs et le beurre en cubes au centre. Amalgamez rapidement tout en incorporant la farine. Rassemblez la pâte en boule. Laissez-la reposer au frais dans un linge, 1 heure.

2 Allumez le four th. 7 (210 °C). Étalez la pâte sur 3 mm d'épaisseur. Découpez-la en étoiles. Alignez-les sur une plaque tapissée de papier de cuisson. Badigeonnez de lait.

3 Battez le blanc d'œuf en neige. Incorporez-lui le sucre glace, le chocolat râpé, la poudre de noisettes et les épices. Versez la préparation dans une poche à douille à ouverture unie et déposez-la en dôme au centre des étoiles.

4 Faites cuire dans la partie inférieure du four, 12-15 minutes. Laissez refroidir les sablés sur une grille, sans les empiler.

variante

À préparer avec des amandes, un mélange noisettes-amandes, des noix de Grenoble ou de pécan.
Parfumez la pâte avec de la cannelle.

truc de cuisinier

Pendant le découpage, roulez les chutes de pâte en une boule, puis étalez-la et découpez-la jusqu'à épuisement.

Sablés noisettes au chocolat

coût modéré • facile à réaliser • préparation : 30 min • repos : 2 h • cuisson : 12-15 min • pour 6 personnes

1 terrine - 1 bol - 1 rouleau - 1 tôle de cuisson - 1 poêle - 1 emporte-pièce de 5 cm de diamètre - papier sulfurisé

250 g de farine - 50 g de noisettes concassées - 1 pincée de sel

125 g de beurre ramolli

100 g de sucre glace - 1 œuf

2 cuil. à soupe de cacao - 2 pincées de levure chimique - 1 cuil. à café de vanille liquide

125 g de chocolat amer - 50 g de beurre - 2 jaunes d'œufs - 30 g de noisettes pelées - 2 cuil. à soupe de liqueur de noisette (facultatif)

Mélangez la farine, le cacao, le sucre glace, les noisettes, la vanille, la levure, le sel. Incorporez l'œuf battu et le beurre au centre. Mélangez rapidement. Rassemblez en boule. Mettez au frais dans un linge, 2 heures.

Étalez la pâte sur 3 mm d'épaisseur. Découpez en disques. Alignez-les sur une tôle tapissée de papier de cuisson. Enfournez pour 12-15 minutes, th. 6 (180 °C).

Faites griller les noisettes entières. Concassez-les froides. Faites fondre le chocolat avec le beurre. Laissez tiédir. Incorporez les jaunes et la liqueur.

Assemblez les sablés, deux par deux, avec la crème chocolat. Parsemez le tour apparent de chocolat d'éclats de noisettes.

Anneaux chocolatés à l'orange

coût moyen • facile à réaliser • préparation : 20 min • repos : 1 h • cuisson : 12-15 min • pour 6 personnes

1 terrine - 1 jatte - 1 emporte-pièce de 5-6 cm et 1 de 2 cm de diamètre - 1 petit mixer - 1 plaque à pâtisserie - papier de cuisson

200 g de farine

3 jaunes d'œufs durs - 180 g de beurre ramolli - 80 g de sucre glace - 1 cuil. à café de vanille en poudre

30 g d'amandes pilées

2 pincées de levure chimique

1 pincée de sel

200 g de chocolat au lait

1 pot de confiture d'oranges - 100 g d'écorce d'orange hachée

Écrasez les jaunes d'œufs en pâte fine. Travaillez le beurre en pommade. Incorporez le sucre glace, les amandes pilées, le sel, la vanille, les jaunes d'œufs, la farine tamisée avec la levure. Travaillez en pâte homogène. Roulez en boule. Entre deux feuilles de papier sulfurisé, étalez la pâte sur 3 mm d'épaisseur. Mettez au frais, 1 heure.

Retirez le papier et découpez la pâte en disques de 5-6 cm. Percez le centre avec un petit emporte-pièce. Alignez les anneaux sur une plaque tapissée de papier de cuisson. Enfournez pour 12-15 minutes, th. 6 (180 °C).

Faites tiédir la confiture et mixez-la. Assemblez les anneaux refroidis deux par deux avec la confiture.

Faite fondre le chocolat. Trempez les anneaux sur une face dans le chocolat. Parsemez-les d'écorce d'orange hachée. Laissez-les durcir.

Petits sujets en pain d'épices

coût modéré • facile à réaliser • préparation : 30 min • repos : 24 h • cuisson : 15-20 min • pour 6 personnes

1 casserole - 1 terrine - 1 rouleau à pâtisserie - emporte-pièce variés - 1 tôle de cuisson - 1 fouet - 1 douille fine lisse

- 125 g de farine de blé (type 55) - lait
- 125 g de farine de seigle
- 250 g de miel de sapin
- 40 g d'amandes + 40 g de noisettes hachées
- 40 g de cédrat et 40 g d'orange confite hachés
- 1/2 cuil. à café de bicarbonate d'ammonium et 1/2 de potassium (en pharmacie)
- 10 g d'épices à pain d'épices
- 30 g de beurre et 1 cuil. à soupe de farine pour la plaque
- 1 bonne pincée de sel

Pour décorer

1 blanc d'œuf - 1/2 citron - 200 g de sucre glace - colorant alimentaire

1 Chauffez le miel (environ 50 °C). Hors du feu ajoutez les bicarbonates délayés dans 2 cuillerées à soupe d'eau. Mélangez, laissez tiédir.

2 Mélangez les farines tamisées, les épices, les fruits secs et confits. Creusez en puits. Versez-y le miel. Travaillez la pâte pour la rendre homogène. Enveloppez-la dans un linge. Mettez au frais, 24 heures.

3 Le lendemain, étalez la pâte sur 3 mm d'épaisseur. Avec des emporte-pièce, découpez-la en petits sujets variés. Disposez-les sur une tôle beurrée et farinée. Badigeonnez-les de lait, laissez sécher, badigeonnez à nouveau. Enfournez-les pour 15-20 minutes, th. 5-6 (170 °C). Laissez-les refroidir sur une grille.

4 Fouettez le blanc d'œuf avec le sucre glace et 2-3 gouttes de citron. Divisez le glaçage en autant de parts que de coloris souhaités. Ajoutez 1 goutte de colorant alimentaire. Avec une poche à douille fine, décorez les petits sujets selon votre inspiration. Faites sécher au four th. 6 (180 °C), 2 minutes.

variante

En Alsace on découpe le pain d'épices en langues avec un patron en carton. Sur le glaçage blanc appliqué sur toute la surface au pinceau, on dépose une image de Saint-Nicolas.

truc de cuisinier

Les fruits secs ajoutent un délicieux petit croquant, mais ne sont pas indispensables.
Ne faites pas trop cuire les sujets : ils deviennent durs.

rice

Délices chocolat-caramel au beurre salé

bon marché • délicat à réaliser • préparation : 30 min • cuisson : 20 min • réfrigération : 2-3 h • pour 6 personnes

1 casserole - 2 jattes

1 fouet - 1 batteur

1 mixer - papier sulfurisé

1 plaque de cuisson

1 poche à douille unie n° 8 + 1 douille pour l'écriture

130 g de farine

125 g de beurre

70 g de sucre glace

1 sachet de sucre vanillé

1 petit œuf entier + 1 jaune

Pour la ganache et la finition

100 g de chocolat noir

40 g de chocolat au lait

5 cl de crème liquide

10 g de beurre demi-sel

40 g de sucre en poudre

caramel liquide

1 pincée de fleur de sel

1 Cassez 60 g de chocolat noir et 40 g de chocolat au lait en petits morceaux dans une jatte. Portez la crème caramélisée à ébullition. Préparez un caramel ambré avec 40 g de sucre humidifié. Hors du feu, incorporez le beurre, puis versez la crème avec précaution. Ajoutez la fleur de sel, mélangez pour lisser.

2 En remuant doucement, versez la crème caramélisée en 3 fois sur les chocolats. Réfrigérez plusieurs heures.

3 Allumez le four th. 6 (180 °C). Battez le beurre jusqu'à blanchiment avec les deux sucres. Incorporez l'œuf entier, le jaune, puis peu à peu la farine. À l'aide de la poche à douille déposez la pâte en boules de la grosseur d'une noix, sur une plaque tapissée de papier sulfurisé. Enfournez pour 12 minutes. Détachez les boules. Laissez-les refroidir.

4 Mixez la ganache pour l'assouplir. Avec une poche à douille, garnissez la moitié des biscuits de ganache. Collez un biscuit nature. Décorez les biscuits fourrés en dessinant des lignes avec le reste de chocolat fondu.

variante

Parfumez la ganache avec des zestes de citron ou d'orange, ou avec un peu de pulpe de framboise.

truc de cuisinier

Faites cuire les biscuits dans les petits alvéoles d'un moule souple.

Madeleines marbrées à l'orange

bon marché • facile à réaliser • préparation : 20 min • réfrigération : 1 h • cuisson : 15 min • pour 6 personnes

2 plaques à madeleine (16-18 pièces)

1 petite casserole

1 tamis fin - 2 jattes

1 batteur - 1 bol

2 œufs - 100 g de beurre + 30 g pour les moules

100 g + 1 cuil. à soupe de farine

100 g de sucre en poudre

1/2 cuil. à café de levure chimique

1 cuil. à soupe de pépites de chocolat

1 cuil. à soupe de cacao amer

1 cuil. à soupe de lait

1 cuil. à soupe d'eau de fleurs d'oranger

2 cuil. à soupe de miel d'oranger

1 cuil. à café de vanille liquide

1 Beurrez les alvéoles des plaques à madeleines. Saupoudrez-les de farine. Retournez-les pour en faire tomber le surplus.

2 Faites fondre le beurre à feu doux jusqu'à couleur noisette. Écumez-le et filtrez-le dans un bol. Laissez refroidir. Battez les œufs jusqu'à blanchiment avec le sucre et le miel. Incorporez la vanille, la farine tamisée avec la levure et le beurre noisette.

3 Divisez la pâte en deux parts. Incorporez dans l'une d'elles le cacao délayé dans un peu de lait et les pépites, et dans l'autre la fleur d'oranger. Répartissez les pâtes, en les alternant, dans les alvéoles jusqu'à 1 mm du bord. Mettez au frais, 1 heure.

4 Allumez le four th. 6 (180 °C). Faites cuire les madeleines environ 15 minutes (elles doivent être gonflées et légèrement dorées). Laissez-les reposer, 5 minutes, puis décollez-les avec une cuillère. Alignez-les sur une grille. Dégustez-les tièdes ou froides.

variante

Parfumez toute la pâte avec des zeste de citron ou d'orange, 1 cuillerée à soupe de thé vert, ajoutez 2 cuillerées à soupe de raisins secs moelleux, des pistaches ou des noisettes concassées.

truc de cuisinier

Il n'y en a jamais assez : doublez les proportions et conservez les madeleines restantes complètement froides pendant plusieurs jours dans une boîte hermétique.

Baisers choco-citron

bon marché • facile à réaliser • préparation : 30 min • cuisson : 2 h • pour 6 personnes

1 bassine à fond rond
1 batteur
1 poche à douille unie de 5 mm
1 bol
1 grande plaque de cuisson

2 gros blancs d'œufs
125 g de sucre en poudre
1/2 cuil. à café de vanille en poudre
75 g de chocolat amer ou au lait
lemon curd

Allumez le four th. 3 (90 °C). Fouettez les blancs d'œufs à petite vitesse, puis augmentez l'intensité jusqu'à ce qu'ils soient fermes. Ajoutez 2 cuillerées de sucre mélangé à la vanille, puis lorsque la meringue est lisse et brillante, incorporez le reste de sucre.

Avec une poche à douille dressez des petites boules de neige (environ 80) sur une plaque tapissée de papier de cuisson. Enfournez environ 2 heures. Les meringues doivent êtres sèches et craquantes à l'extérieur, moelleuses au centre. Alignez-les sur une grille.

Faites fondre le chocolat. Trempez la moitié des baisers dans le chocolat, en les tenant par la base. Posez-les, tête en bas, sur une grille. Laissez durcir le chocolat.

Masquez la base du reste de baisers de lemon curd. Assemblez-les avec les baisers chocolatés.

Biscuits à l'anis

bon marché • facile à réaliser • préparation : 20 min • repos : 24 h • cuisson : 20 min • pour 6 personnes

1 bassine à fond arrondi
1 bain-marie
1 batteur électrique
1 plaque de cuisson
1 poche à douille lisse

300 g de farine
250 g de sucre en poudre
3 œufs
30 g de beurre
2 cuil. à café bombées de grains d'anis vert

Au batteur, mélangez les œufs entiers avec le sucre. Plongez la bassine dans un bain-marie frémissant. Fouettez pour chauffer la préparation (60 °C).

Hors du feu, continuez de battre longuement pour obtenir un mélange blanc et crémeux. Incorporez peu à peu la farine mélangée aux grains d'anis. Continuez de fouetter quelques minutes.

Beurrez une grande plaque de cuisson. Avec une poche à douille à ouverture lisse (ou une petite cuillère) déposez la pâte en petits tas ou en bâtonnets bien espacés. Laissez-les sécher à température ambiante, 24 heures.

Faites cuire les petits-fours, th. 7 (210 °C), 8-10 minutes. Cuits, ils ressemblent à une petite meringue blanche craquante, posée sur un petit socle de pâte dorée. Laissez-les refroidir sur la plaque, puis décollez-les avec la lame d'un couteau.

Boules de neige coco

bon marché • facile à réaliser • préparation : 20 min • cuisson : 10 min • réfrigération : 2 h • pour 6 personnes

1 râpe
1 poêle
1 casserole
1 plat creux
1 petite cuillère
1 assiette plate
papier sulfurisé
caissettes en papier plissé

250 g de chocolat blanc
200 g de noix de coco râpée
12,5 cl de lait de coco
1 citron vert
1 cuil. à café de vanille liquide

1 Râpez le zeste du citron vert. Hachez le chocolat au couteau. Faites légèrement griller 150 g de noix de coco en la remuant dans une poêle. Tapissez un plat de papier sulfurisé.

2 Faites tiédir le lait de coco avec la vanille sur feu doux, puis portez à frémissements. Hors du feu, ajoutez le chocolat en remuant pour obtenir une préparation lisse. Incorporez 50 g de noix de coco et le zeste de citron vert.

3 Versez la préparation dans le plat préparé. Étalez-la avec une spatule humide. Couvrez de papier film et mettez au frais, 2 heures.

4 Prélevez la préparation par petites cuillerées. Façonnez-les en boules entre vos mains, puis roulez-les dans de la noix de coco grillée étalée sur une assiette. Placez les boules dans des caissettes. Mettez au frais.

variante

Remplacez la vanille par 2 cuillerées à soupe de rhum blanc ou de Malibu.

truc de cuisinier

C'est encore meilleur avec de la noix de coco fraîche.

Truffes au chocolat

coût moyen • facile à réaliser • préparation : 30 min • cuisson : 10 min • réfrigération : 14 h • pour 6 personnes

1 petite casserole
1 bol
1 bain-marie
1 plat
1 assiette plate
2 cuillères
papier sulfurisé
1 thermomètre de cuisson (facultatif)

400 g de chocolat de couverture amer
15 cl de crème liquide
50 g de beurre doux en pommade
100 g de cacao amer
25 g de miel liquide

1 Hachez 200 g de chocolat au couteau. Portez doucement la crème liquide et le miel à ébullition. En remuant sans cesse, incorporez le chocolat en 3 fois. Laissez tiédir (50 °C au thermomètre), incorporez le beurre. Mettez au frais, 1 heure.

2 Façonnez la ganache en boules régulières avec deux petites cuillères. Déposez-les sur un plat tapissé de papier sulfurisé. Couvrez-les de papier film. Laissez-les se raffermir au frais, 12 heures.

3 Faites fondre le chocolat restant au bain-marie (35 °C). Soulevez les truffes, une à une, avec une fourchette, trempez-les dans le chocolat fondu, égouttez-les un peu.

4 Roulez aussitôt les truffes dans le cacao tamisé sur une assiette pour les en enrober complètement. Remettez-les au frais, au moins 1 heure avant de les consommer.

variante

Aromatisez les truffes avec 1 cuillerée à soupe rase de café soluble, 15 g de gingembre confit haché, 2 cuillerées à soupe d'amaretto, de rhum, de whisky, une pointe de cannelle ou de piment pour les audacieux. Faites infuser 1 cuillerée à café de thé Earl Grey dans la crème, filtrez-la et rectifiez le niveau à 20 cl.
Roulez-les dans de l'écorce d'orange ou de citron séchée et pulvérisée, des fruits secs grillés et concassés.

truc de cuisinier

Conservez les truffes, 1 semaine, dans un endroit frais et sec, mais pas au réfrigérateur.

Sapins en nougatine

coût moyen • délicat à réaliser • préparation : 20 min • cuisson : 10 min • pour 6 personnes

1 casserole en matériau épais

1 poêle

1 spatule en bois plate

1 thermomètre de cuisson (facultatif)

1 rouleau à pâtisserie

1 marbre ou 1 plaque à pâtisserie

1 pinceau

1 emporte-pièce en forme de sapin

250 g de sucre cristallisé

100 g de glucose

75 g d'amandes et 75 g de noisettes pelées

2 cuil. à soupe d'huile

1 Concassez les amandes et les noisettes. Faites-les griller en les remuant sans cesse dans une poêle. Maintenez-les au chaud.

2 Faites fondre le sucre cristallisé dans 7 cuillerées d'eau. Nettoyez le bord de la casserole avec un pinceau humide. Ajoutez le glucose. Faites cuire sur feu doux jusqu'au stade de caramel blond (155 °C au thermomètre à sucre). Ajoutez les fruits secs, mélangez, 1 minute, et retirez du feu.

3 Versez aussitôt la préparation sur un marbre ou une plaque à pâtisserie huilée. Faites chauffer le rouleau à pâtisserie sous l'eau chaude. Essuyez-le et enduisez-le d'huile. Étalez la nougatine avec le rouleau chaud sur 3-4 mm d'épaisseur.

4 Plongez l'emporte-pièce dans de l'eau bouillante. Essuyez-le et huilez-le. Découpez la nougatine en sapins.

variante

Découpez la nougatine avec des emporte-pièce variés pour réaliser des décors de bûche ou de gâteau festif, ou simplement en formes géométriques avec la lame d'un couteau chauffé et huilé.

truc de cuisinier

Le glucose est vendu en pharmacie et dans les magasins spécialisés en pâtisserie. Sa conservation au frais est quasi illimitée.

La nougatine durcit très vite, il faut l'étaler sans attendre. Si elle devenait cassante, passez-la rapidement à four doux pour la rendre malléable.

Fruits déguisés caramélisés

coût moyen • facile à réaliser • préparation : 20 min • cuisson : 5 min • pour 6 personnes

1 casserole
2 fourchettes
1 plaque à pâtisserie
papier sulfurisé

12 dattes
12 pruneaux
24 cerneaux de noix
100 g de pâtes d'amandes blanche, rose et verte
250 g de sucre en morceaux
1 cuil. à soupe d'huile

1 Fendez les dattes et les pruneaux en deux. Retirez le noyau. Prélevez des petits morceaux (7-8 g) dans la pâte d'amandes. Roulez-les en boules. Glissez-les dans les fruits. Pressez légèrement. Placez une boulette de pâte entre deux cerneaux de noix, appuyez pour les souder.

2 Préparez un caramel clair avec le sucre dissous dans 7 cl d'eau (155 °C au thermomètre). Plongez aussitôt le fond de la casserole dans un bain d'eau froide juste pour arrêter la cuisson. Retirez de l'eau.

3 Saisissez les fruits entre deux fourchettes. Plongez-les, un à un, dans le caramel pour les en enrober, puis retirez-les, laissez-les égoutter au-dessus de la casserole et disposez-les sur une plaque tapissée de papier sulfurisé huilé.

4 Laissez durcir le caramel, puis déposez les fruits dans des caissettes en papier et dressez-les dans une coupe.

variante

Ajoutez des cerises confites, à garnir de pâte blanche ou verte.

truc de cuisinier

Si en cours de réalisation, le caramel devient trop épais, liquéfiez-le sur feu doux.
En refroidissant, les fruits déguisés laissent couler des fils de caramel : coupez-les avec des ciseaux avant qu'ils ne durcissent.

Éclats chocolatés aux amandes et aux fruits confits

coût moyen • facile à réaliser • préparation : 20 min • cuisson : 10-12 min • pour 6 personnes

1 jatte - 1 plaque à pâtisserie

1 bol - 1 spatule plate

2 petites cuillères - papier de cuisson

caissettes en papier (facultatif)

200 g d'amandes pelées

30 g de sucre glace

3 cuil. à soupe de sirop de sucre de canne

50 g d'écorces d'orange et de citron confites

150 g de chocolat au lait

Allumez le four th. 6-7 (200 °C). Coupez les amandes en lamelles épaisses puis en bâtonnets. Mélangez-les avec le sirop de canne. Étalez-les sur une plaque tapissée de papier de cuisson. Saupoudrez-les de sucre. Enfournez pour 10-12 minutes : les amandes doivent être dorées et caramélisées. Laissez-les tiédir et mélangez-les avec les fruits confits.

Faites fondre le chocolat. Lissez-le à la spatule. Ajoutez les amandes et fruits confits. Mélangez bien pour les enrober de chocolat. Prélevez la préparation avec une petite cuillère. Avec une deuxième cuillère, poussez-la sur la plaque tapissée d'un nouveau papier de cuisson. Façonnez des petits tas allongés. Ou déposez des boules dans des caissettes en papier. Laissez durcir au frais.

Palets de chocolat aux mendiants de Provence

un peu cher • facile à réaliser • préparation : 20 min • cuisson : 5 min • réfrigération : 12-24 h • Pour 6 personnes

1 bol - 1 terrine - 1 bain-marie

1 poêle - 1 verre à fond plat

1 plaque à pâtisserie

250 g de chocolat à pâtisser noir

25 g d'amandes dans leur peau

25 g de noisettes mondées

25 g de pistaches vertes

20 g de raisins secs moelleux

20 g d'angélique

20 g de gingembre confit

20 g d'écorce d'orange confite

Émincez l'écorce d'orange, l'angélique et le gingembre en petits cubes. Faites griller les fruits secs en les remuant dans une poêle.

Tapissez une grande plaque de papier sulfurisé. Hachez le chocolat dans une terrine. Faites-le fondre au bain-marie. Retirez du feu et lissez-le. Laissez tiédir 2-3 minutes. Avec une cuillère, déposez le chocolat en tas réguliers, assez espacés, sur la plaque. Couvrez de papier film. Appuyez avec le fond d'un verre pour l'étaler en disques. Retirez le film.

Disposez harmonieusement les fruits secs et confits sur les disques de chocolat. Pressez légèrement pour les faire adhérer. Couvrez de papier film. Mettez au frais, de 12 à 24 heures, avant de déguster.

Saucisson au chocolat en parfum d'orange

coût moyen • facile à réaliser • préparation : 20 min • cuisson : 5 min • repos : 12 h • pour 6 personnes

1 bol
1 jatte
1 casserole
1 poêle
papier sulfurisé

200 g de palets au beurre
160 g de chocolat amer
100 g de beurre ramolli
2 cuil. à soupe de miel
sucre glace
25 g d'écorce d'orange confite
50 g d'amandes ou de noisettes
2 cuil. à soupe de Grand-Marnier ou de Cointreau

1 Coupez l'écorce d'orange en petits dés dans un bol. Arrosez de liqueur. Écrasez les palets en poudre grossière. Faites griller les amandes en les remuant à sec dans une poêle. Laissez-les refroidir et concassez-les grossièrement. Versez-les dans une jatte.

2 Cassez le chocolat en petits morceaux. Sur feu très doux, liquéfiez le miel avec le beurre, sans les chauffer. Ajoutez le chocolat. Mélangez pour le faire fondre.

3 Ajoutez la poudre de biscuits, les amandes, l'orange confite et la liqueur. Versez la préparation tiède sur une feuille de papier sulfurisé. Roulez en boudin. Vrillez les extrémités. Mettez au frais jusqu'au lendemain : les arômes vont se développer.

4 Déballez le saucisson. Roulez-le dans du sucre glace. Servez-le en tranches comme friandise ou en dessert avec une crème anglaise au thé ou à la vanille.

variante

Remplacez les palets par des biscuits roses de Reims et les amandes par des pralines roses concassées. Parfumez au marc ou au rhum.

truc de cuisinier

Pour réduire les palets en poudre, glissez-les entre deux feuilles de papier sulfurisé et écrasez-les doucement avec le rouleau à pâtisserie.

Caramels au beurre salé

bon marché • délicat à réaliser • préparation : 20 min • cuisson : 25 min • repos : 2 h • pour 6 personnes

1 casserole en cuivre (ou en matériau épais)

1 poêle

1 moule à caramels (ou 4 règles métalliques huilées sur du papier sulfurisé)

1 spatule en bois

1 thermomètre de cuisson

1 pinceau - 1 couteau-scie

papier Cellophane

20 cl de lait frais entier

150 g de beurre salé

150 g de sucre cristallisé

150 g de glucose (en pharmacie)

1 cuil. à café de miel

25 g d'amandes + 25 g de noisettes pelées

la pulpe grattée d'1 gousse de vanille

1 cuil. à soupe d'huile

3 g de fleur de sel

1 Faites griller les fruits secs. Laissez-les refroidir et concassez-les. Huilez le moule à caramels. Coupez le beurre en cubes.

2 Versez le lait, le sucre, le glucose, le miel, la vanille et 100 g de beurre en cubes dans la casserole. En remuant sans cesse, portez à 112 °C. Incorporez les fruits secs.

3 Continuez de remuer en vérifiant la température. À 115-117 °C incorporez le reste de beurre et la fleur de sel. Remuez, 2 minutes.

4 Étalez la préparation dans le moule sur 1,5 cm d'épaisseur. Laissez refroidir, 2 heures. Démoulez les caramels. Si vous avez versé le caramel entre 4 règles, découpez-le en bandes puis en carrés de 2,5 cm de côté. Enveloppez les caramels dans du papier Cellophane.

variante

Préparez ces caramels avec des pistaches ou des noix.

truc de cuisinier

Pour obtenir une cuisson uniforme du caramel, remuez sans cesse en formant des 8 dans le fond de la casserole. Après l'ébullition, nettoyez le bord de la casserole avec un pinceau humide pour empêcher les parties attachées de brûler.

Orangettes et citronettes

bon marché • assez facile à réaliser • préparation : 30 min • cuisson : environ 50 min • attente : 24 h • pour 6 personnes

1 casserole en matériau épais

1 terrine

1 grille

1 aiguille à brider

papier sulfurisé

2 grosses oranges bio à peau épaisse

2 citrons non traités

600 g de sucre en poudre

100 g de chocolat noir à 56 %

100 g de chocolat au lait

sel

1 Brossez, lavez et séchez les fruits. Incisez les écorces de haut en bas, en quartiers, jusqu'à la pulpe, détachez-les de la chair. Égalisez les extrémités. Grattez le duvet blanc. Portez-les à ébullition dans de l'eau froide légèrement salée, puis rafraîchissez-les. Recommencez 3 fois cette opération sans saler la dernière eau. Séchez les écorces dans un linge.

2 Portez 50 cl d'eau froide avec le sucre à frémissements. Lorsque le sirop est clair, ajoutez les zestes, couvrez à demi, laissez cuire sur feu doux, jusqu'à ce qu'il soit réduit des 3/4 et les lanières translucides. Versez dans une terrine. Attendez, 12 heures.

3 Égouttez et découpez les écorces en lanières de 4 mm d'épaisseur. Laissez-les sécher sur une grille, 12 heures, à température ambiante.

4 Faites fondre le chocolat noir et lissez-le. Piquez les lanières d'orange sur une aiguille à brider. Plongez-les dans le chocolat. Égouttez-les. Alignez-les sur une feuille de papier sulfurisé. Laissez durcir à température ambiante. Procédez de la même manière avec les lanières de citron en utilisant le chocolat au lait.

variante

Les lanières de citron s'enrobent aussi de chocolat blanc.

truc de cuisinier

Veillez à ce que les orangettes et les citronettes soient bien immergées dans le sirop pendant la macération. Choisissez un récipient de taille adaptée.

Avant de tremper les lanières dans le chocolat, vérifiez qu'elles sont bien sèches et ne collent plus aux doigts. Sinon, attendez 1 ou 2 heures de plus ou passez-les à four doux, 5 minutes.

Truffes glacées aux trois chocolats

coût moyen • facile à réaliser • préparation : 30 min • cuisson : 5 min • congélation : 1 h 30 • pour 6 personnes

1 cuillère à pomme parisienne

1 grande plaque

1 bain-marie

3 bols

36 piques en bois

75 cl de glace parfum au choix (vanille, pistaches, calissons, café, marrons)

75 g de chocolat au lait

75 g de chocolat amer

75 g de pralinoise

2 cuil. à soupe de cacao amer, d'amandes effilées et de noix de coco râpée

1 Avec une cuillère à pomme parisienne prélevez 36 boules dans les glaces. Disposez-les sur une plaque tapissée de papier film. Enfoncez une pique dans chaque boule. Remettez-les au congélateur, 30 minutes.

2 Râpez séparément les chocolats. Dans 3 bols, faites fondre la moitié de chaque chocolat au bain-marie. Hors de l'eau ajoutez le reste de chocolat dans chaque bol. Lissez-les. Gardez-les au chaud dans un bain-marie modéré (40 °C).

3 Tenez les boules de glace, une à une, par la pique et plongez-les dans chaque bol (il en faut 12 de chaque sorte). Tournez les boules pour qu'elles s'enrobent bien de chocolat. Roulez-les dans le cacao et les fruits secs. Alignez-les sur la plaque. Remettez-les au congélateur, 1 heure.

4 Pour servir, vous pouvez piquer les boules sur un support de votre choix, demi-pomme, orange ou mandarine.

variante

Roulez les truffes enrobées de chocolat dans toutes sortes de fruits secs grillés et concassés, noix de Grenoble, de macadamia, pistaches, noisettes ou fruits confits hachés.

truc de cuisinier

Sortez la glace du congélateur à l'avance pour la ramollir un peu.
Servez les truffes dans une coupelle en chocolat ou en pâte à tuile, ou simplement dans des petits raviers givrés.
Accompagnez d'une crème anglaise au parfum assorti.

Vin chaud du Réveillon

coût modéré • facile à réaliser • préparation : 10 min • cuisson : 3-5 min • attente : 12 h • pour 6 personnes

1 casserole inoxydable
1 grand bocal
6 verres résistant à la chaleur
1 petite mousseline

1 bouteille de vin rouge (bordeaux, bourgogne, côtes-du-rhône)
10 cl d'eau de source
125 g de sucre roux ou de sucre candi
épices (2 clous de girofle, 2 étoiles de badiane, 1 bâton de cannelle, 4 gousses de cardamome verte, 1 languette de zeste d'orange + 1 de citron non traités)
1 pincée de muscade râpée
6 rondelles d'orange épépinées

1 Ouvrez les gousses de cardamome et retirez les petites graines. Enfermez-les avec les clous de girofle, la cannelle, la badiane et les zestes dans une petite mousseline. Fermez en balluchon.

2 Versez le vin, l'eau et le sucre dans une casserole inoxydable. Plongez-y le nouet d'épices. Chauffez sans faire bouillir, 3 à 5 minutes. Versez dans un bocal fermé. Laissez reposer jusqu'au lendemain, ou mieux, 2 à 3 jours.

3 Le jour même retirez le nouet. Réchauffez le vin avec la muscade. Versez-le dans les verres. Ajoutez une rondelle d'orange et servez.

variante

Remplacez le sucre par 100 g de miel ou 15 cl de sirop de canne.
Remplacez les rondelles d'orange par de petits cubes d'orange et de citron, non traités, avec leur écorce.

truc de cuisinier

Si vous souhaitez ajouter 10 à 25 cl d'alcool (cognac, rhum, vodka), flambez-le pour n'en garder que le parfum.

Index des recettes

Gâteaux et pâtisseries

Berawecka (pain de Noël aux fruits secs) 6
Brioche polonaise 10
Brioche tressée aux amandes 18
Bûche pain d'épices aux cristallines d'orange 28
Cake de Noël aux fruits secs 14
Christstollen de Dresde 20
Couronne de l'Avent 16
Délice chocolat-marrons 24
Gâteau des anges 30
Macaron géant glacé aux marrons 8
Mannele (bonshommes briochés de la Saint-Nicolas) 22
Marquise au chocolat 18
Ogeï 32
Omelette norvégienne 12
Pain d'épices de Lucie 12
Panforte de Sienne 24
Pompe de Noël 32
Quartier de lune aux fruits exotiques 26

Bredele et petits-fours

Anneaux chocolatés à l'orange 56
Baisers choco-citron 64
Biscuits à l'anis 64
Cœurs de framboises sablés 36
Délices chocolat-caramel au beurre salé 60
Demi-lunes à la vanille 34
Doigts de fée à la pistache 36
Duchesses au Nutella® 38
Étoiles à la cannelle 40
Étoiles de Noël soufflées au chocolat et aux épices 54
Florentins 46
Leckerlis aux fruits confits 50
Madeleines marbrées à l'orange 62
Palets aux amandes 44
Petits sujets en pain d'épices 58
Roses des vents au chocolat 42
Sablés à la vanille de Bonne-Maman 42

Sablés en spirales bicolores 48
Sablés noisettes au chocolat 56
Shortbread écossais 48
Spritz bredele (sablés à la douille) 52

Friandises

Boules de neige coco 66
Caramels au beurre salé 78
Éclats chocolatés aux amandes et aux fruits confits 74
Fruits déguisés caramélisés 72
Orangettes et citronnettes 80
Palets de chocolat aux mendiants de Provence 74
Sapins en nougatine 70
Saucisson au chocolat en parfum d'orange 76
Truffes au chocolat 68
Truffes glacées aux trois chocolats 82
Vin chaud du Réveillon 84

Infos mesures

	1 cuil. à café rase	1 cuil. à soupe rase
Mesures canadiennes	1 teaspoon (tsp)	1 tablespoon (TBSP) - 1/2 oz
Beurre	4 g	12 g
Vin/Eau	0,5 cl	1,5 cl
Liqueur	0,5 cl ou un trait	1 cl
Farine	5 g	15 g
Huile	5 g	16 g
Miel	5 g	18 g
Fécule	5 g	15 g
Sucre	6 g	20 g

Collection Toquades de First

Pour tous les toqués de cuisine !

Mamma miam !

Mange ta soupe !

Mes p'tits biscuits

Mille et une pâtes

Mini-brochettes

Mini-cocottes & Co

Mini vapeur

Mini verres, maxi délices !

Mon p'tit bistrot

Oh mon gâteau !

Papillote surprise

Petites crèmes
et tiramisus !

Prenez-en
de la graine !

Raconte-moi
des salades !

Recettes pour bébé

Slunch

So crumble !

Soirée mousse

Soupes !

Sublimes terrines

Sur un air de cappuccino

Sushi & sa chimie

Tatins renversantes

Tronche de cake

Ultra-Fondant

Un amour de dîner

Une cuillère
pour maman

Un parfum de tajine

Verrines
frisson garanti !

Verrines jolies, jolies

Verrines qui friment

Wok attitude

Wok'n roll

Yakitori entre amis

Yaourts tout doux